その時代ならではのものを
くわしく紹介しています

前のペー
る言葉を
赤い旗が

JN069977

明治時代のキーワード

井戸
生活に使うために、地面をほって地下水を
くみ上げるようにしたもの。水道がない時
代は、こうして水を手に入れていました。

行水
おけやたらいにお湯や水を入れ、それをあ
びて体を流すこと。体をきれいにするため
にしていました。

かやぶき屋根
「カヤ」とよばれる葉っぱを材料
にしてつくる屋根のこと。「わら
ぶき屋根」というものもあります。

箱膳
ひとり分の食器が入っている箱のこと。箱
のふたをひっくり返すと、お皿をならべる
台になりました。

すだれ
細かく割った竹やアシという葉っぱを何本
もならべて、糸であんだもの。日よけのた
めに家の外につるして使いました。

打ち水
道や庭に水をまくこと。地面に水をまくと、
周りの温度が下がるため、すずしさを感じ
ることができます。

かまど
料理をつくるときに、下から火をつけて煮
炊きするための場所。上に鍋などを置いて
使いました。

気になる言葉

産業革命

イギリスをはじめ、フランスやアメリカな
ど世界中で起こった産業の変化のこと。日
本でもこれらの国にならって、明治時代に
産業革命が起きました。
それまでは人だけでやっていた仕事を機械
を使ってするようになり、仕事の進み方が
大きくかわっていきました。
とくに、糸をつむぐ「綿糸紡績業」や鉱石
をほる「鉱山業」などに機械が使われ、た
くさんの人がはたらきました。

8

9

くらしのうつりかわり

をまとめてみよう

この本でわかったことなどを、
年表にまとめよう。
年表の用紙は、
この本のおわりにあるよ

まとめることがら　　　時代	明治・大正時代	昭和時代	平成・令和時代
キッチンの様子 のうつりかわり	薪を燃やして、かまどで料理をしていた。水は、井戸からくんで、使っていた。	かべにそって、ガスコンロと水道がならんでいる洋風キッチンが登場した。	ガスコンロではなく、電気で料理する。キッチンはカウンター形で、リビングの方を向いて料理できるようになった。
家でのすごし方 のうつりかわり	板の間で箱膳を使って食事をしていた。	たたみの部屋に、座布団とちゃぶ台をおいていた。	床にソファーをおいた洋風の部屋になった。
まとめ わかったこと、気づいたこと	・かまどに火をつけるには、薪が必要なのでじゅんびがたいへん。 ・着物を着てすごしている。 ・明治時代は、床が板なのですわるとおしりが痛かったと思う。	・今のキッチンに形が似ている。 ・テレビが白黒。 ・たたみの部屋が多かった。 ・毎日布団をしいて寝ていたので、片づけるのが大変だったと思う。	・ガスコンロではなく、電気を使って料理をしている。 ・テレビが大きく、うすくなっている。 ・ゲームやスマホをして家の中で手軽に遊べて楽しそう。

38

39

まちとくらしの うつりかわり

②衣食住、学校、道具ほか

監修：澤井陽介　国士舘大学教授

明治

昭和

明治

大正

汐文社

はじめに

　みなさんは自分たちの住んでいるまちの歴史（昔のこと）をしらべたことがありますか。今、みなさんが当たり前のようにくらすことができているのは、多くの人の努力によって、まちがかわってきたからです。

　この本では、「まちとくらしのうつりかわり」を絵と写真で紹介していきます。うつりかわりとは、「だんだんとかわってきた様子」を表す言葉です。

　みなさんは社会科の授業で実際にくらすまち（市、町、村）のことを学習します。市、町、村は日本全国に数え切れないほどあり、また都市部や山間部などもあり、それぞれにまったく様子が違っています。

　「自分たちの住んでいるまち（市、町、村）では、このことはどうだろうか」などとしらべたり、まとめたりするときに、この本を参考にしてほしいと思います。

　まちや、そこでくらす人々のくらし方のうつりかわりを学習すると、きっとみなさんは自分たちの住んでいるまちのことがもっと好きになると思います。まちでくらす人々に感謝の気持ちをもつようになると思います。

　そして、自分たちもこのまちの一員だという気持ちで、これからの「よりよいまち」を考えるようになってほしいと願っています。

国士舘大学　澤井 陽介

目次
もくじ

人々のくらしはどうかわっていったのだろう？

明治時代

大正・昭和前期

4

道具や服そうなど、私たちのくらしは、時代によって大きくかわってきました。みなさんのおじいさんやおばあさん、お父さんやお母さんが子どもだったころのくらしは、どんな感じだったでしょう。

昭和中期・後期

平成・令和時代

5

明治時代

箱膳

板の間

かやぶき屋根

土間

打ち水

すだれ

かまど

水がめ

井戸

行水

6

明治時代、都市のまちなみには外国の技術が使われはじめましたが、
ふつうの家は、昔ながらの日本家屋でした。

| 明治 | 大正 | 昭和前期 | 昭和中期・後期 | 平成 | 令和 |

農家の家のつくり

明治時代後半になると、外国で**産業革命**が起こります。日本でも材料を加工して物をつくる工業がもり上がりはじめますが、まだまだ産業の中心は農業。米や野菜などをつくってくらす農家が多くありました。

このころの農家は、平屋だてとよばれる1階だての家がほとんど。屋根はカヤという植物を使った**かやぶき屋根**というつくりでした。部屋は、たたみじきの和室と、板ばりの**板の間**がありました。

水は川や井戸でくんで大切に

料理や洗濯で使う水は、家の外にある**井戸**や川からくんでいました。**水がめ**などにためた水は貴重だったので、少しずつ大切に使いました。

夏は**すだれ**で日光をさえぎったり、**行水**や**打ち水**で体を冷やしたりするくふうをしていました。

食事は全員そろって

家の中には広い**土間**があり、そこにお勝手（台所）がありました。**かまど**で燃料用の木である薪を燃やしてごはんを炊いたり、鍋で調理をしたりました。

食事をするのは、土間のとなりの板の間。**箱膳**を使って食事をしました。祖父母、父母、子どもと、三世代にわたる大家族でくらすことが多い時代でした。

明治時代のキーワード

▌井戸▌

生活に使うために、地面をほって地下水をくみ上げるようにしたもの。水道がない時代は、こうして水を手に入れていました。

▌行水▌

おけやたらいにお湯や水を入れ、それをあびて体を流すこと。体をきれいにするためにしていました。

▌打ち水▌

道や庭に水をまくこと。地面に水をまくと、周りの温度が下がるため、すずしさを感じることができます。

▌かまど▌

料理をつくるときに、下から火をつけて煮炊きするための場所。上に鍋などを置いて使いました。

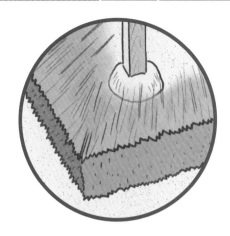

かやぶき屋根（やね）

「カヤ」とよばれる葉（は）っぱを材料（ざいりょう）にしてつくる屋根（やね）のこと。「わらぶき屋根（やね）」というものもあります。

箱膳（はこぜん）

ひとり分（ぶん）の食器（しょっき）が入（はい）っている箱（はこ）のこと。箱（はこ）のふたをひっくり返（かえ）すと、お皿（さら）をならべる台（だい）になりました。

すだれ

細（こま）かく割（わ）った竹（たけ）やアシという葉（は）っぱを何本（なんぼん）もならべて、糸（いと）であんだもの。日（ひ）よけのために家（いえ）の外（そと）につるして使（つか）いました。

気（き）になる言葉（ことば）

産業革命（さんぎょうかくめい）

イギリスをはじめ、フランスやアメリカなど世界中（せかいじゅう）で起（お）こった産業（さんぎょう）の変化（へんか）のこと。日本（にほん）でもこれらの国（くに）にならって、明治時代（めいじじだい）に産業革命（さんぎょうかくめい）が起（お）きました。
それまでは人（ひと）だけでやっていた仕事（しごと）を機械（きかい）を使（つか）ってするようになり、仕事（しごと）の進（すす）み方（かた）が大（おお）きくかわっていきました。
とくに、糸（いと）をつむぐ「綿糸紡績業（めんしぼうせきぎょう）」や鉱石（こうせき）をほる「鉱山業（こうざんぎょう）」などに機械（きかい）が使（つか）われ、たくさんの人（ひと）がはたらきました。

大正・昭和前期

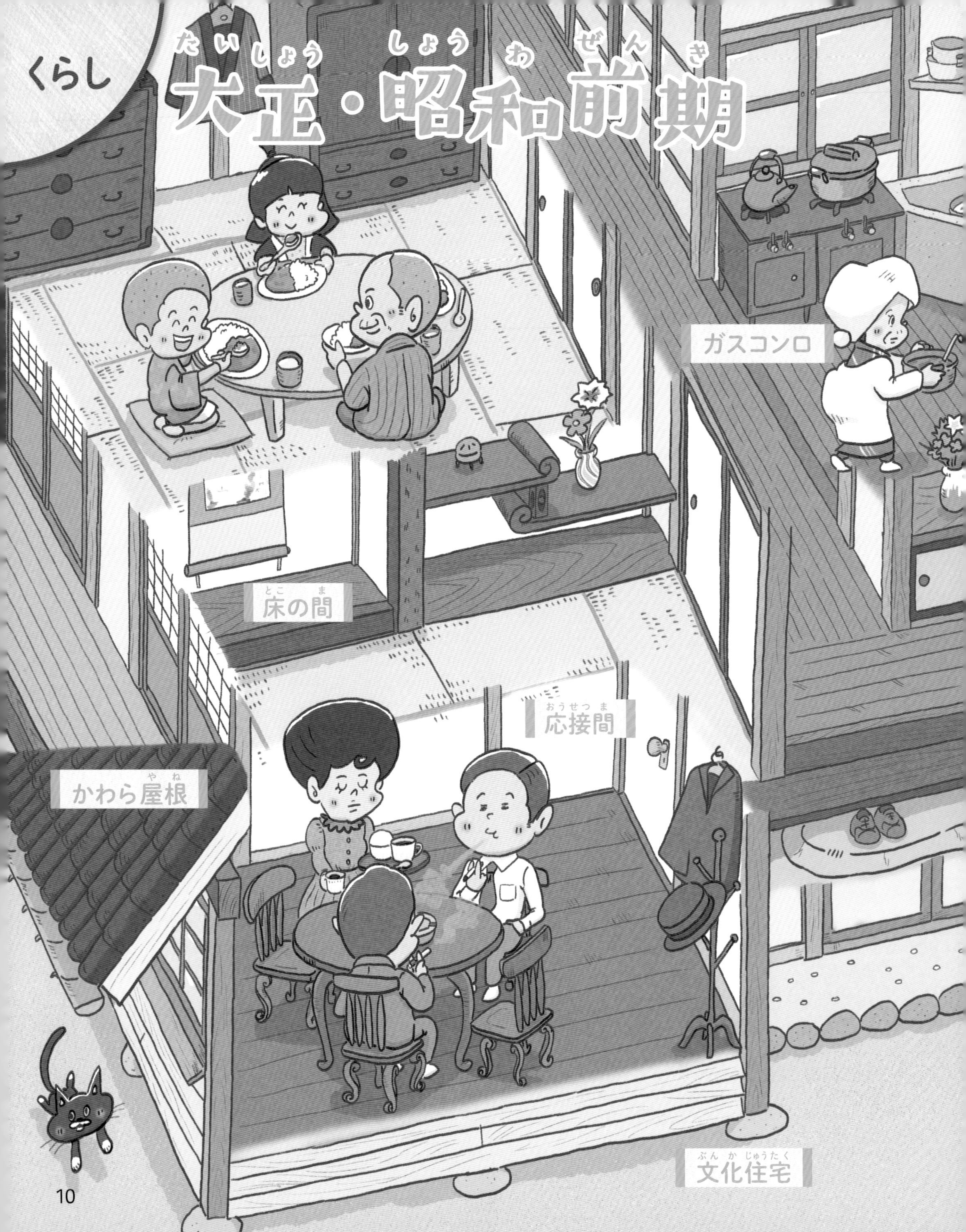
ガスコンロ
床の間
応接間
かわら屋根
文化住宅

大正時代ごろから、家や人々のくらしにも近代化の波がやってきました。

明治	大正	昭和前期	昭和中期・後期	平成	令和

和洋折衷の文化住宅が誕生

大正時代になると、海外から新しい知識が入って、都市部では、洋風の家、「**文化住宅**」が流行しました。

床の間のある和室と洋風の**応接間**がある**和洋折衷**の家です。

屋根は**かわら屋根**になりました。台所には**ガスコンロ**や水道ができ、食卓にはカレーライスやコロッケなどの洋食がならぶようになりました。

関東大震災で見直された住宅の構造

大正12年に**関東大震災**が起こり、東京を中心に大きな被害を受けました。このころの役所や学校などはレンガでつくられていましたが、レンガづくりの建物は地震に弱かったのです。

地震の後、注目されたのが「**鉄筋コンクリート**」でした。地震や火事にもたえられる強い建物が、どんどん増えていきました。

農村では五右衛門風呂、都会では銭湯

農村部ではお風呂は、ほとんどが家の外にありました。かまどの上に釜をのせた「**五右衛門風呂**」が多く、川や井戸などから何度も水をくんで風呂にため、釜に薪を入れて燃やしました。

一方で、都会ではお風呂のない家が多く、**銭湯**に行くのがふつうでした。銭湯は近所の人たちとおしゃべりをする、コミュニケーションの場でもありました。

大正・昭和前期の キーワード

銭湯

お金を払ってみんなでお湯につかります。昭和になっても風呂がある家は少なく、人々は銭湯へ通いました。

五右衛門風呂

下から火をたいてお湯をわかす風呂のこと。石川五右衛門というどろぼうから名前がつきました。

応接間

家に来たお客をもてなす部屋のこと。和洋折衷の家につくられ、洋風のつくりをしているのが一般的です。

かわら屋根

土を焼いてつくった「かわら」という焼き物をしきつめた屋根のこと。かやぶき屋根よりも丈夫で長持ちしました。

床の間

たたみの部屋の中で、床が一段高くなっている場所のこと。大正時代には、どんなにせまい家でも床の間があったほど、日本の住宅に欠かせないものでした。

ガスコンロ

明治時代の終わりに大阪でガスが使えるようになり、大正時代のはじめには東京でも広まりました。ガスが家庭にやってきたことで、料理が楽になりました。

気になる言葉

和洋折衷

日本と西洋のくらしかたをうまく混ぜ合わせること。「折衷」とは、二つ以上のことがらのよいところを、うまく合わせて一つにするという意味です。

大正時代ごろ、たたみの部屋と板ばりの洋室がある、和風と洋風のいいところを取り入れた和洋折衷の家が登場しました。

関東大震災

1923年9月1日に起きた地震災害。関東地方を中心に広い範囲で大きな被害がありました。

この時代は、木造の住宅が多かったため、火事による被害が多かったのが特徴です。また、レンガづくりの建物も大きな被害がありました。

鉄筋コンクリート

コンクリートの中に鉄の棒を通すことで、その強さを高めたもののこと。コンクリートと鉄を組み合わせることで、お互いのよ

さをいかしています。壊れにくく、少し欠けただけではくずれないという特徴があります。

昭和中期・後期

電気冷蔵庫

洋風キッチン

白黒テレビ

水洗便所

風呂

電気洗濯機

昭和時代の後期、戦争後の苦しみを乗りこえ、生活はいっきに豊かになりました。

都市では団地が流行

昭和30年代になると、都市では住宅が不足し、団地が建てられるようになりました。団地には、和室のほかに洋風キッチン、水洗便所、風呂がつくられました。

それまでは三世代くらいが一緒に生活する大家族が中心でしたが、団地に住む家族のほとんどが親と子の二世代でした。こういう家族を「核家族」とよびます。

あこがれの「三種の神器」

日本は太平洋戦争の後、おどろくほどのいきおいで生活が豊かになりました。このことを、高度経済成長といいます。人々のくらしも、それまでとはかわり、家庭で電化製品が使われはじめました。

「白黒テレビ」「電気洗濯機」「電気冷蔵庫」の3つは「三種の神器」とよばれました。値段が高く、まだ広まっていなかったので、人々のあこがれでした。

豊かさの表れ「新三種の神器・3C」

昭和30年代後半になり、生活が安定した人々の心をとらえたのは、「カー（乗用車）」「カラーテレビ」「クーラー」でした。英語で表すと、いずれも「C」ではじまるので、「3C」とよばれました。

どれもぜいたく品で、これらをそろえたくらしは、豊かさの表れでした。昭和39年の東京オリンピックをカラーで見ようという家庭が増え、カラーテレビはあっという間に広まりました。

昭和中期・後期のキーワード

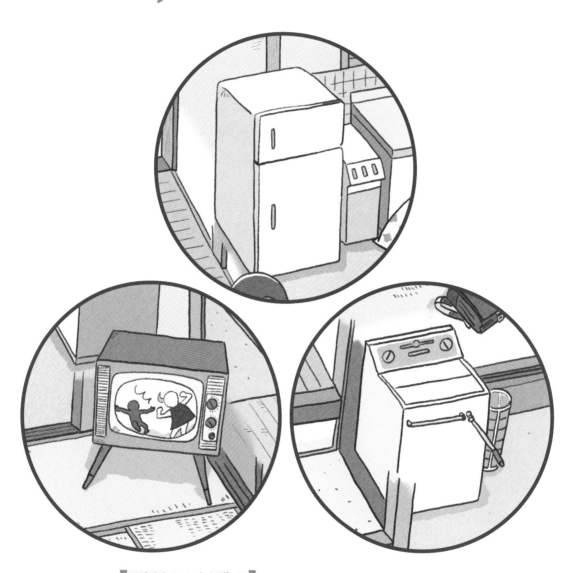

▌三種の神器▐

「白黒テレビ」「電気洗濯機」「電気冷蔵庫」の3つの電化製品のこと。「神器」とは神様をまつる道具のことですが、新しい生活に必要なものという意味を込めて、「三種の神器」とよばれました。

洋風キッチン
ようふう

ガスコンロと流し台と作業台が一体型になったキッチン。家のかべにそってつくられました。

団地
だんち

住宅を1つの場所に集めて、つくった地区のこと。

気になる言葉
き　　　　　　ことば

太平洋戦争
たいへいようせんそう

1939年からはじまった第2次世界大戦のうちの一つで、日本とアメリカなどが戦いました。戦った人はもちろん、大人も子どもも世界中で多くの人が傷つきました。

高度経済成長
こうどけいざいせいちょう

世の中のお金の動きが活発で、人々がうまくくらしていけると感じていた時期のこと。日本では、約18年間、どんどん世の中が豊かになりました。

17

くらし 平成・令和時代

全自動洗濯乾燥機

自動掃除機

パソコン

スマートフォン

タワーマンション

18

コンピュータが欠かせなくなった平成、家族のあり方やくらし方も変化しました。

	明治	大正	昭和前期	昭和中期・後期	平成	令和

タワーマンションが登場

人口はさらに都市に集中し、マンションが多くなりました。とくに数十階の高さがあるマンションは「タワーマンション」とよばれます。一方で地方では人口が減り、問題になっています。

また、阪神・淡路大震災や東日本大震災が起こりました。建物が地震のゆれにたえられるかという「耐震性」の確認など、これまでのくらしを見なおす取り組みが進められています。

LED電球

省エネで明るいLED電球が登場

エネルギーを大切に使う「省エネ」に関心が集まり、「LED電球」が登場しました。それまでの電球よりも使われる電気が少なく、しかも長持ちするため、家庭の省エネの方法として広まりました。
その後、電気をたくさん使う電球は、つくられなくなりました。

コンピューターで便利になるくらし

冷凍食品など、かんたんにつくることができる食品が続々登場。また、パソコンやスマートフォンで家にいながら買い物ができるようになりました。

自動掃除機や全自動洗濯乾燥機など、コンピュータで動く電化製品もでき、くらしはますます便利になりました。

買い物のうつりかわり

明治時代

個人商店
魚、野菜、米などお店ごとに違う物を売っていました。

大正時代

百貨店
たくさんの種類の物が売られる百貨店が誕生しました。

行商
農家や漁師の人が商品を持って売り歩くこと。遠くまで行かなくても新鮮な食料を買うことができました。

仕立て
家族が着る着物は、その家の女性が仕立てて、くり返し大切に使いました。

20

スーパーマーケット
昭和30年ごろになると、食べ物などの身近な買い物ができるスーパーマーケットが登場しました。

コンビニエンス・ストア
昭和40年代に登場。24時間営業するお店も多いです。

通信販売
インターネットを使い、家にいながら買い物ができるようになりました。

宅配便
生活リズムに合わせて、荷物がとどく時間や場所を選べるようになりました。

ファッションのうつりかわり

江戸時代

江戸町人

まげを結い、小袖
と羽織がふだん着
でした。

明治時代

ドレス

政府の社交場には、外
交官や貴族の夫人たち
がはなやかなドレスを
着て集まりました。

男性の正装

長めのジャケットである
フロックコートにシルク
ハット。男性から先に
洋服が広まりました。

大正時代

女学生のスタイル

はかまに、編み上げの
ブーツを履くスタイル
が流行しました。

モダンガール

ドレスにショートヘア
という最新のスタイル
で時代を先どりする女
性は、モダンガールと
よばれました。

昭和時代初期

国民服（男性）

戦争がはげしくなると、男性は、国が色や形を決めた「国民服」を着るようになりました。

もんぺ（女性）

もんぺはもともと農作業着でしたが、戦争中は女性のふだん着でした。

昭和時代後期

ボディコン

体にぴったりの服を着て、ロングヘアの女性たちのスタイル。

平成時代

コギャル

制服で白いルーズソックスをはき、派手なメイクをした女子高生のスタイル。

令和時代

自分の好きな服を着る時代へ

年れい、性別などに関係なく好きな服を楽しむ人が増えています。

道具のうつりかわり①

部屋の灯り

石油ランプ ● 明治〜大正

ガラスでできた油つぼに灯油を入れて、火をつけて使います。

白熱電球 ● 明治〜

電線が引かれないと電気が使えないため、広まるには時間がかかりました。

洗濯をする道具

洗濯板とたらい ● 明治〜昭和中期

水を入れたたらいの中で、洗濯板でごしごしこすって洗います。

一槽式洗濯機 ● 昭和初期〜昭和中期

洗ったあとにはハンドルを回して、水気をしぼることができました。

蛍光灯（けいこうとう） 昭和（しょうわ）〜

和室（わしつ）の照明（しょうめい）に合（あ）うように、ドーナツ型（がた）の
ものもつくられました。

LED電球（でんきゅう） 平成中期（へいせいちゅうき）〜

蛍光灯（けいこうとう）よりも使（つか）われる電力（でんりょく）が少（すく）なく長持（ながも）
ちで、省（しょう）エネの方法（ほうほう）として広（ひろ）まりました。

二槽式洗濯機（にそうしきせんたくき） 昭和中期（しょうわちゅうき）〜

洗（あら）う槽（そう）と水気（みずけ）をしぼる槽（そう）の2つに分（わ）かれ
ています。

全自動洗濯乾燥機（ぜんじどうせんたくかんそうき） 平成（へいせい）〜

スイッチを押（お）すだけで、洗濯（せんたく）から乾燥（かんそう）ま
で自動（じどう）でやってくれます。

道具のうつりかわり②

ごはんを炊く道具

羽釜 ● 明治～昭和中期 ●

かまどで薪を燃やし、羽釜を火にかけて
ごはんを炊きました。

自動炊飯器 ● 昭和中期～平成初期 ●

スイッチを押して、ガスや電気の熱でご
はんを炊きます。

温まるための道具

火鉢 ● 江戸～昭和中期 ●

中で炭を燃やし、手などを温めるのに使
います。

ストーブ ● 昭和中期～ ●

薪、石炭、ガス、電気、灯油など、さまざ
まなエネルギーを使うストーブがあります。

保温式炊飯器 昭和後期〜平成中期

炊飯器に、ごはんがいつでもあたたかく
食べられる保温機能がつきました。

IHジャー炊飯器 昭和後期〜

コンピューターが組みこまれ、米を好み
のかたさに炊くことができます。

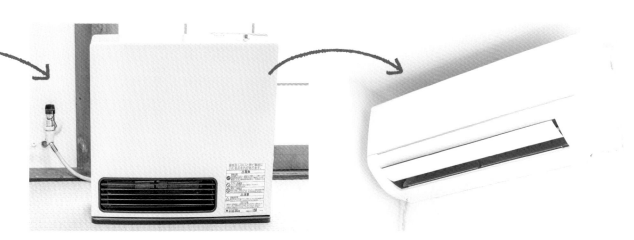

ファンヒーター 昭和後期〜

温かい風で部屋を温めるため、ストーブよ
りもはやく部屋全体が温まります。

エアコン 昭和後期〜

温めるだけでなく、冷やしたり、湿度を調整
したりする機能がついています。

昭和時代（しょうわじだい）

戦争で校舎が焼けてしまい、校庭で授業をすることもありました。

| 明治 | 大正 | 昭和前期 | 昭和中期・後期 | 平成 | 令和 |

小学校は平屋か2階建ての木造校舎

明治から昭和につくられた小学校の校舎は、木造の平屋か2階建て。

運動場がない学校もたくさんありました。体育館やプールもまだありませんでした。

関東大震災後、災害に強い鉄筋コンクリートの校舎も建てられましたが、戦争がはげしくなって物資が不足すると、そんな建物を建てる余裕はなくなり、戦後しばらくしても木造の校舎が多かったです。

焼けあとにいすをならべた青空教室

昭和時代には太平洋戦争が起こり、都市では、空襲で校舎が焼けた学校もありました。そこで戦後、校庭にいすをならべて授業をはじめる学校もありました。こうした授業は「青空教室」とよばれました。

戦後しばらくは、子どもがたくさん生まれてベビーブームといわれました。人口が集中した大都市周辺の住宅地では、子どもの数がとても多い学校が生まれ、マンモス校とよばれました。

栄養をおぎなうためにはじまった給食

子どもたちに栄養をとってもらうために、給食が出されるようになりました。おかずだけの給食でしたが、子どもたちは空腹をみたし、栄養をおぎなうことができました。

戦争中は中止されましたが、戦後少しずつ給食が再開されると、昭和25年ごろには、主食・おかず・牛乳のそろった給食がはじまりました。

平成（へいせい）・令和（れいわ）時代（じだい）

日本は地震や台風など、自然災害がよく起こる国です。
学校は、子どもたちだけでなく地域の人々の安全の中心になります。

| 明治 | 大正 | 昭和前期 | 昭和中期・後期 | 平成 | 令和 |

鉄筋コンクリートづくりの校舎

昭和30年ごろから子どもの数が増えて、教室がたりなくなりました。

このころになると、世の中も豊かになり、新しい校舎の多くは、鉄筋コンクリートでつくられました。

また、平成23年に起きた東日本大震災をきっかけに、全国の学校で、校舎の耐震化や、災害対策の準備が進められています。

地域に役立つ施設に

子どもの人口が減りつづけ、地域のいくつかの学校をひとつに統合したり、つぶしたりする「学校統廃合」が行われるようになりました。

あまった教室を利用して保育園にしたり、図書館や老人福祉施設を一緒にしたりすることで、地域の人々が利用できる施設に生まれかわる学校も登場しました。

タブレットや電子黒板を使った新しい授業

黒板が電子化し、パソコンの画面を教室の中にうつせるようになりました。教科書の問題や答えをかんたんに表示できるので、便利になりました。

子どもたちにもそれぞれタブレットが配られ、少人数のグループで話し合って、自分の意見をまとめて発表するような授業も行われています。

学校のうつりかわり

給食（きゅうしょく）

昭和前期ごろ（戦争中）（しょうわぜんき せんそうちゅう）

戦争中（せんそうちゅう）は、質素（しっそ）な生活（せいかつ）が求（もと）められたため、すいとんという小麦粉（こむぎこ）のだんごが入（はい）ったみそ汁（しる）の１品（ぴん）だけでした。

昭和中期ごろ（しょうわちゅうき）

主（おも）に、パン、おかず、脱脂粉乳（だっしふんにゅう）の３品（ぴん）が食（た）べられていました。脱脂粉乳（だっしふんにゅう）とは、牛乳（ぎゅうにゅう）を粉（こな）にしたものです。

教室（きょうしつ）

昭和時代（しょうわじだい）

つくえもいすも、黒板（こくばん）の枠（わく）も木（き）でできていました。

昭和後期〜平成時代（しょうわこうき へいせいじだい）

つくえやいすに鉄（てつ）が使（つか）われています。黒板（こくばん）の枠（わく）がアルミやプラスチックになりました。

昭和後期ごろ

このころから、給食にお米が出るようになりました。飲み物も脱脂粉乳ではなく、牛乳になりました。

平成時代

牛乳、あんかけやきそば、大学いも、にらたまスープ、サラダ、キウイの6品。肉、魚、野菜がバランスよく食べられます。

令和時代

黒板の電子化が進んでいます。パソコンを使って問題をうつして勉強ができます。

教科書はどうだったの？

明治から昭和の終戦まで教科書は、カタカナで書かれていました。戦後、戦争に関係する部分をすみで黒くぬって読めなくしてしまいました。これを「すみぬり教科書」といいます。

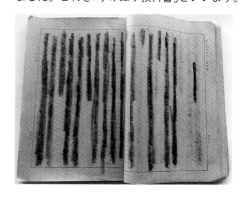

遊びのうつりかわり

めんこ、コマ

明治時代

　明治時代、機械でかんたんに印刷ができるようになったため、絵本やすごろく、花札、トランプ、めんこなど、紙を使った遊びが増えました。
　たこあげやこま回しも、気楽に楽しめる遊びとして、子どもたちの間で広まりました。

駄菓子屋、ブリキ

大正時代

　大正時代は、西洋の流行を追うことがはやりました。
　はやりの映画をまねして遊んだり、ブリキなどでつくられた外国のおもちゃで遊んだり。おもちゃを売っていた駄菓子屋の前は、いつも子どもたちでにぎわっていました。

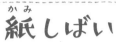

紙しばい

昭和5年ごろ、東京の下町に紙しばい屋が登場し、全国に広がりました。

自転車でやって来て、おかしを買った子どもたちに紙しばいを見せたのです。

子どもたちは続きが見たくて、心待ちにしていました。

フラフープ、プラモデル

女の子には「フラフープ」やビニールでできた「だっこちゃん人形」、男の子は戦艦や車などの「プラモデル」に夢中になりました。

昭和50年代になると、テレビゲームが登場。これ以降、コンピューター化されたおもちゃが増えていきました。

年表の書き方

テーマ例やまとめの書き方を参考に、
好きなテーマを選んで年表をつくってみましょう。

┃ テーマ例 ┃

・道路や鉄道のうつりかわり
・土地の使われ方のうつりかわり
・○○に使う道具のうつりかわり
・遊びのうつりかわり
・給食のうつりかわり

┃ まとめの書き方① ┃

わかったことで特に重要だと
思ったことや、自分が思った
こと、気づいたことを書きま
しょう。

くらしのうつりかわりを

まとめることがら　　　　時代	明治・大正時代
キッチンの様子 のうつりかわり	薪を燃やして、かまどで料理をしていた。 水は、井戸からくんで、使っていた。
家でのすごし方 のうつりかわり	板の間で箱膳を使って食事をしていた。
まとめ わかったこと、気づいたこと	・かまどに火をつけるには、薪が必要なので 　じゅんびがたいへん。 ・着物を着てすごしている。 ・明治時代は、床が板なのですわるとおしり 　が痛かったと思う。

■ 時代の選び方 ■

まとめるテーマに合わせて考えましょう。例えば、キッチンの様子がテーマなら、キッチンができた時期をもとに、明治時代、昭和時代などと決めていきましょう。

まとめてみよう

■ 年表の書き方 ■

テーマを決めたら、書きたい内容を本の中から探しましょう。イラストや写真を見て、同じように絵を書いてみてください。
3つの枠がうまらないときは、インターネットなどでしらべてみてもいいです。この本を参考にして、自分の住むまちの様子をしらべてまとめられたら、さらによいですね。

昭和時代	平成・令和時代

かべにそって、ガスコンロと水道がならんでいる洋風キッチンが登場した。	ガスコンロではなく、電気で料理する。キッチンはカウンター形で、リビングの方を向いて料理できるようになった。

たたみの部屋に、座布団とちゃぶ台をおいていた。	床にソファーをおいた洋風の部屋になった。
・今のキッチンに形がにている。 ・テレビが白黒。 ・たたみの部屋が多かった。 ・毎日布団をしいて寝ていたので、片づけるのが大変だったと思う。	・ガスコンロではなく、電気を使って料理をしている。 ・テレビが大きく、うすくなっている。 ・ゲームやスマホをして家の中で手軽に遊べて楽しそう。

■ まとめの書き方② ■

上で書いた変化によって、人々のくらしがどうかわったかを考えて書きましょう。

くらしのうつりかわりを

まとめることがら　　＼　　時代<ruby>時代<rt>じだい</rt></ruby>	明治<ruby>明治<rt>めいじ</rt></ruby>・大正時代<ruby>大正時代<rt>たいしょうじだい</rt></ruby>	
キッチンの様子<ruby>様子<rt>ようす</rt></ruby> のうつりかわり	 薪<ruby>薪<rt>まき</rt></ruby>を燃<ruby>燃<rt>も</rt></ruby>やして、かまどで料理<ruby>料理<rt>りょうり</rt></ruby>をしていた。 水<ruby>水<rt>みず</rt></ruby>は、井戸<ruby>井戸<rt>いど</rt></ruby>からくんで、使<ruby>使<rt>つか</rt></ruby>っていた。	
家<ruby>家<rt>いえ</rt></ruby>でのすごし方<ruby>方<rt>かた</rt></ruby> のうつりかわり	 板の間<ruby>板<rt>いた</rt>の間<rt>ま</rt></ruby>で箱膳<ruby>箱膳<rt>はこぜん</rt></ruby>を使<ruby>使<rt>つか</rt></ruby>って食事<ruby>食事<rt>しょくじ</rt></ruby>をしていた。	
まとめ わかったこと、気<ruby>気<rt>き</rt></ruby>づいたこと	・かまどに火<ruby>火<rt>ひ</rt></ruby>をつけるには、薪<ruby>薪<rt>まき</rt></ruby>が必要<ruby>必要<rt>ひつよう</rt></ruby>なので 　じゅんびがたいへん。 ・着物<ruby>着物<rt>きもの</rt></ruby>を着<ruby>着<rt>き</rt></ruby>てすごしている。 ・明治時代<ruby>明治時代<rt>めいじじだい</rt></ruby>は、床<ruby>床<rt>ゆか</rt></ruby>が板<ruby>板<rt>いた</rt></ruby>なのですわるとおしり 　が痛<ruby>痛<rt>いた</rt></ruby>かったと思<ruby>思<rt>おも</rt></ruby>う。	

まとめてみよう

昭和時代 （しょうわじだい）	平成・令和時代 （へいせい・れいわじだい）
 かべにそって、ガスコンロと水道（すいどう）がならんでいる洋風（ようふう）キッチンが登場（とうじょう）した。	 ガスコンロではなく、電気（でんき）で料理（りょうり）する。キッチンはカウンター形（がた）で、リビングの方（ほう）を向（む）いて料理（りょうり）できるようになった。
 たたみの部屋（へや）に、座布団（ざぶとん）とちゃぶ台（だい）をおいていた。	 床（ゆか）にソファーをおいた洋風（ようふう）の部屋（へや）になった。
・今（いま）のキッチンに形（かたち）がにている。 ・テレビが白黒（しろくろ）。 ・たたみの部屋（へや）が多（おお）かった。 ・毎日（まいにち）布団（ふとん）をしいて寝（ね）ていたので、片（かた）づけるのが大変（たいへん）だったと思（おも）う。	・ガスコンロではなく、電気（でんき）を使（つか）って料理（りょうり）をしている。 ・テレビが大（おお）きく、うすくなっている。 ・ゲームやスマホをして家（いえ）の中（なか）で手軽（てがる）に遊（あそ）べて楽（たの）しそう。

監修　澤井 陽介　さわい ようすけ

国士舘大学教授。大学卒業後、民間企業を経て東京都で小学校教諭に。のち、教育委員会指導主事、副参事、平成21年4月から文部科学省教科調査官、視学官を経て、平成30年から現職。主な著書は、『学級経営は「問い」が9割』『授業の見方』『教師の学び方』（以上、いずれも東洋館出版社）、『小学校 社会 指導スキル大全』『見方・考え方を働かせて学ぶ社会科授業モデル』（以上、いずれも明治図書）他

イラスト

イケウチリリー

デザイン

小林沙織（サバデザイン）

原稿執筆

飯田真由美

編集・制作協力

ナイスク http://naisg.com

（松尾里央、高作真紀、藤原祐葉）

写真協力

千葉県立中央博物館 大利根分館

昭和日常博物館

独立行政法人日本スポーツ振興センター

新宿区立四谷小学校

登米市教育資料館

PIXTA

しらべてまとめる
まちとくらしのうつりかわり
②衣食住、学校、道具ほか

2020年2月　初版第1刷発行

監修　　澤井陽介

発行者　小安宏幸

発行所　株式会社汐文社
　　　　〒102-0071　東京都千代田区富士見1-6-1
　　　　電話 03-6862-5200
　　　　ファックス 03-6862-5202
　　　　URL https://www.choubunsha.com

印刷　　新星社西川印刷株式会社

製本　　東京美術紙工協業組合

ISBN　978-4-8113-2705-1

まとめることがら　／　時代	
＿＿＿＿＿＿＿＿＿ のうつりかわり	
＿＿＿＿＿＿＿＿＿ のうつりかわり	
まとめ わかったこと、気づいたこと	